A WORLD SPLIT APART

Also by Aleksandr I. Solzhenitsyn

The Gulag Archipelago I–II

The Gulag Archipelago III–IV

The Gulag Archipelago V–VI

Prussian Nights

Warning to the West

Lenin in Zurich

Letter to the Soviet Leaders

Candle in the Wind

The Nobel Lecture on Literature

August 1914

A Lenten Letter to Pimen, Patriarch of All Russia

Stories and Prose Poems

The Love Girl and the Innocent

The Cancer Ward

The First Circle

For the Good of the Cause

We Never Make Mistakes

One Day in the Life of Ivan Denisovich

Aleksandr I. Solzhenitsyn

A WORLD
SPLIT APART

COMMENCEMENT ADDRESS DELIVERED

AT HARVARD UNIVERSITY

JUNE 8, 1978

1817

HARPER & ROW, PUBLISHERS

NEW YORK, HAGERSTOWN, SAN FRANCISCO

LONDON

FIRST EDITION

Designed by Sidney Feinberg

LIBRARY OF CONGRESS CATALOG CARD NUMBER: 78–19593

ISBN: 0–06–014007–0

79 80 81 82 83 10 9 8 7 6 5 4 3 2 1

ISBN: 0–06–090690–1 pbk

79 80 81 82 83 10 9 8 7 6 5 4 3 2 1

*Translated from the Russian
by Irina Ilovayskaya Alberti
with gratitude to Alexis Klimoff
for his help*

A WORLD SPLIT APART

Я рад возможности приветствовать 327-й выпуск старейшего Гарвардского университета и сердечно поздравляю всех выпускников!

Девиз вашего университета — «veritas». И некоторые из вас уже знают, а другие узнают на протяжении жизни, что Истина мгновенно ускользает, как только ослабится напряженность нашего взора — и при этом оставляет нас в иллюзии, что мы продолжаем ей следовать. От этого вспыхивают многие разногласия. И ещё: истина редко бывает сладкой, а почти всегда горькой. Этой горечи не избежать и в сегодняшней речи — но я приношу её не как противник, но как друг.

Три года назад в Соединенных Штатах мне тоже пришлось говорить такое, от чего отталкивались, не хотели принять — а сейчас согласились многие.

I am sincerely happy to be here with you on the occasion of the 327th commencement of this old and illustrious university. My congratulations and best wishes to all of today's graduates.

Harvard's motto is "Veritas." Many of you have already found out and others will find out in the course of their lives that truth eludes us as soon as our concentration begins to flag, all the while leaving the illusion that we are continuing to pursue it. This is the source of much discord. Also, truth seldom is sweet; it is almost invariably bitter. A measure of bitter truth is included in my speech today, but I offer it as a friend, not as an adversary.

Three years ago in the United States I said certain things that were rejected and appeared unacceptable. Today, however, many people agree with what I then said. . . .

РАСКОЛОТЫЙ МИР

Раскол сегодняшнего міра доступен даже поспешному взгляду. Любой наш современник легко различает две міровые силы, каждая из которых уже способна нацело уничтожить другую. Но понимание раскола часто и ограничивается этим политическим представлением: иллюзией, что опасность может быть устранена удачными дипломатическими переговорами или равновесием вооруженных сил. На самом деле мір расколот и глубже, и отчуждённей, и большим числом трещин, чем это видно первому взгляду — и этот многообразный глубокий раскол грозит всем нам разнообразной же гибелью. По той древней истине, что не может стоять царство — вот, наша Земля — разделившееся в себе.

СОВРЕМЕННЫЕ МІРЫ

Есть понятие «третий мір» и, значит, уже три міра. Но их несомненно больше, мы не доглядываем издали. Всякая древняя устоявшаяся самостоятельная культура, да ещё широкая по земной поверхности, уже составляет самостоятельный мір, полный загадок и неожи-

The split in today's world is perceptible even to a hasty glance. Any of our contemporaries readily identifies two world powers, each of them already capable of utterly destroying the other. However, the understanding of the split too often is limited to this political conception: the illusion according to which danger may be abolished through successful diplomatic negotiations or by achieving a balance of armed forces. The truth is that the split is both more profound and more alienating, that the rifts are more numerous than one can see at first glance. These deep manifold splits bear the danger of equally manifold disaster for all of us, in accordance with the ancient truth that a kingdom —in this case, our Earth—divided against itself cannot stand.

CONTEMPORARY WORLDS

There is the concept of the Third World: thus, we already have three worlds. Undoubtedly, however, the number is even greater; we are just too far away to see. Every ancient and deeply rooted self-contained culture, especially if it is spread over a wide part of the earth's surface, constitutes a self-contained world, full of riddles and surprises to Western thinking. As a minimum, we must in-

данностей для западного мышления. Таковы по меньшему счёту Китай, Индия, Мусульманский мір и Африка, если два последние можно с приближением рассматривать собранно. Такова была тысячу лет Россия — хотя западное мышление с систематической ошибкой отказывало ей в самостоятельности и потому никогда не понимало, как не понимает и сегодня в её коммунистическом плену. И если Япония в последние десятилетия всё более стала «Дальним Западом», всё тесней примкнула к Западу (судить не берусь), то, например, Израиль я бы не отнёс к западному міру хотя бы по тому решающему обстоятельству, что его государственный строй принципиально связан с религией.

Как ещё сравнительно недавно маленький новоевропейский мірок легко захватывал колонии во всём міре, не только не предвидя серьёзного сопротивления, но обычно презирая какие-либо возможные ценности в міроощущении тех народов! Успех казался ошеломляющим, не знал географических границ. Западное общество развёртывалось как торжество человеческой независимости и могущества. И вдруг в XX веке так ясно обнаружилось, что оно хрупко и обрывчато. И теперь мы видим, каким коротким, шатким оказалось это завоевание (очевидно свидетельствуя и о пороках того западного міросознания,

clude in this category China, India, the Muslim world, and Africa, if indeed we accept the approximation of viewing the latter two as uniform. For one thousand years Russia belonged to such a category, although Western thinking systematically committed the mistake of denying its special character and therefore never understood it, just as today the West does not understand Russia in Communist captivity. And while it may be that in past years Japan has increasingly become, in effect, a Far West, drawing ever closer to Western ways (I am no judge here), Israel, I think, should not be reckoned as part of the West, if only because of the decisive circumstance that its state system is fundamentally linked to religion.

How short a time ago, relatively, the small world of modern Europe was easily seizing colonies all over the globe, not only without anticipating any real resistance, but usually with contempt for any possible values in the conquered peoples' approach to life. It all seemed an overwhelming success, with no geographic limits. Western society expanded in a triumph of human independence and power. And all of a sudden the twentieth century brought the clear realization of this society's fragility. We now see that the conquests proved to be short-lived and precarious (and this, in turn, points to defects in the Western view of the world

которое на эти завоевания вело). Сейчас соотношение с бывшим колониальным міром обратилось в свою противоположность, и западный мір нередко переходит к крайностям угодливости — однако трудно прогнозировать, как ещё велик будет счёт этих бывших колониальных стран к Западу, и хватит ли ему откупиться, отдав не только последние колониальные земли, но даже всё своё достояние.

КОНВЕРГЕНЦИЯ

Всё же длящееся ослепление превосходства поддерживает представление, что всем обширным областям на нашей планете следует развиваться и доразвиться до нынешних западных систем, теоретически наивысших, практически наиболее привлекательных; что все те міры только временно удерживаются — злыми правителями или тяжёлыми расстройствами, или варварством и непониманием — от того, чтоб устремиться по пути западной многопартийной демократии и перенять западный образ жизни. И страны оцениваются по тому, насколько они успели продвинуться этим путём. Но такое представление выросло, напротив, на западном непонимании сущности ос-

which led to these conquests). Relations with the former colonial world now have switched to the opposite extreme and the Western world often exhibits an excess of obsequiousness, but it is difficult yet to estimate the size of the bill which former colonial countries will present to the West and it is difficult to predict whether the surrender not only of its last colonies, but of everything it owns, will be sufficient for the West to clear this account.

CONVERGENCE

But the persisting blindness of superiority continues to hold the belief that all the vast regions of our planet should develop and mature to the level of contemporary Western systems, the best in theory and the most attractive in practice; that all those other worlds are but temporarily prevented (by wicked leaders or by severe crises or by their own barbarity and incomprehension) from pursuing Western pluralistic democracy and adopting the Western way of life. Countries are judged on the merit of their progress in that direction. But in fact such a conception is a fruit of Western incomprehension of the essence of other worlds, a result of mistakenly measuring them all with a Western

тальных міров, на том, что все они ошибочно измеряются западным измерительным прибором. Картина развития планеты мало похожа на это.

Тоска расколотого міра вызвала к жизни и теорию конвергенции между ведущим Западом и Советским Союзом — ласкательную теорию, пренебрегающую, что эти міры друг во друга нисколько не развиваются и даже непревратимы друг во друга без насилия. А кроме того конвергенция неизбежно включает в себя принятие также и пороков противоположной стороны, что вряд ли кого устраивает.

Если бы сегодняшнюю речь я произносил в своей стране, я, в этой общей схеме раскола міра, сосредоточился бы на бедствиях Востока. Но поскольку я уже 4 года вынужденно нахожусь здесь и аудитория передо мною западная, — думаю, будет содержательней сосредоточиться на некоторых чертах современного Запада, как я их вижу.

ПАДЕНИЕ МУЖЕСТВА

— может быть самое разительное, что видно в сегодняшнем Западе постороннему взгляду. Западный мір потерял общественное мужество и

yardstick. The real picture of our planet's development bears little resemblance to all this.

The anguish of a divided world gave birth to the theory of convergence between the leading Western countries and the Soviet Union. It is a soothing theory which overlooks the fact that these worlds are not at all evolving toward each other and that neither one can be transformed into the other without violence. Besides, convergence inevitably means acceptance of the other side's defects, too, and this can hardly suit anyone.

If I were today addressing an audience in my country, in my examination of the overall pattern of the world's rifts I would have concentrated on the calamities of the East. But since my forced exile in the West has now lasted four years and since my audience is a Western one, I think it may be of greater interest to concentrate on certain aspects of the contemporary West, such as I see them.

A DECLINE IN COURAGE

A decline in courage may be the most striking feature that an outside observer notices in the West today. The Western world has lost its civic courage, both as a whole and separately, in each

весь в целом, и даже отдельно по каждой стране, каждому правительству, каждой партии, и уж конечно — в Организации Объединенных Наций. Этот упадок мужества особенно сказывается в прослойках правящей и интеллектуально-ведущей, отчего и создаётся ощущение, что мужество потеряло целиком всё общество. Конечно, сохраняется множество индивидуально мужественных людей, но не им доводится направлять жизнь общества. Политические и интеллектуальные функционеры выявляют этот упадок, безволие, потерянность в своих действиях, выступлениях и ещё более — в услужливых теоретических обоснованиях, почему такой образ действий, кладущий трусость и заискивание в основу государственной политики, — прагматичен, разумен и оправдан на любой интеллектуальной и даже нравственной высоте. Этот упадок мужества, местами доходящий как бы до полного отсутствия мужеского начала, ещё особо иронически оттеняется при внезапных взрывах храбрости и непримиримости этих самых функционеров — против слабых правительств, или никем не поддержанных слабых стран, осуждённых течений, заведомо не могущих дать отпор. Но коснеет язык и парализуются руки против правительств могущественных, сил угрожающих, против агрессо-

country, in each government, in each political party, and, of course, in the United Nations. Such a decline in courage is particularly noticeable among the ruling and intellectual elites, causing an impression of a loss of courage by the entire society. There remain many courageous individuals, but they have no determining influence on public life. Political and intellectual functionaries exhibit this depression, passivity, and perplexity in their actions and in their statements, and even more so in their self-serving rationales as to how realistic, reasonable, and intellectually and even morally justified it is to base state policies on weakness and cowardice. And the decline in courage, at times attaining what could be termed a lack of manhood, is ironically emphasized by occasional outbursts of boldness and inflexibility on the part of those same functionaries when dealing with weak governments and with countries that lack support, or with doomed currents which clearly cannot offer any resistance. But they get tongue-tied and paralyzed when they deal with powerful governments and threatening forces, with aggressors and international terrorists.

Must one point out that from ancient times a decline in courage has been considered the first symptom of the end?

ров и против Интернационала Террора.

Напоминать ли, что падение мужества издревле считалось первым признаком конца?

БЛАГОПОЛУЧИЕ

Когда создавались современные западные государства, то провозглашался принцип: правительство должно служить человеку, а человек живёт на земле для того, чтоб иметь свободу и стремиться к счастью (смотри, например, американскую Декларацию независимости). И вот наконец в последние десятилетия технический и социальный прогрессы дали осуществить ожидаемое: государство всеобщего благосостояния. Каждый гражданин получил желанную свободу и такое количество и качество физических благ, которые по теории должны были бы обеспечить его счастье — в том сниженном понимании, как в эти же десятилетия создалось. (Упущена лишь психологическая подробность: постоянное желание иметь ещё больше и лучше и напряжённая борьба за это запечатлеваются на многих западных лицах озабоченностью и даже угнетением, хотя выражения эти принято тщательно скрывать. Это активное напряжён-

WELL-BEING

When the modern Western states were being formed, it was proclaimed as a principle that governments are meant to serve man and that man lives in order to be free and pursue happiness. (See, for example, the American Declaration of Independence.) Now at last during past decades technical and social progress has permitted the realization of such aspirations: the welfare state. Every citizen has been granted the desired freedom and material goods in such quantity and of such quality as to guarantee in theory the achievement of happiness, in the debased sense of the word which has come into being during those same decades. (In the process, however, one psychological detail has been overlooked: the constant desire to have still more things and a still better life and the struggle to this end imprint many Western faces with worry and even depression, though it is customary to carefully conceal such feelings. This active and tense competition comes to dominate all human thought and does not in the least open a way to free spiritual development.) The individual's independence from many types of state pressure has been guaranteed; the majority of the people have been granted

ное соревнование захватывает все мысли человека и вовсе не открывает свободного духовного развития.) Обеспечена независимость человека от многих видов государственного давления, обеспечен большинству комфорт, которого не могли представить отцы и деды, появилась возможность воспитывать в этих идеалах и молодёжь, звать и готовить её к физическому процветанию, счастью, владенью вещами, деньгами, досугом, почти к неограниченной свободе наслаждений — и кто же бы теперь, зачем, почему должен был бы ото всего этого оторваться и рисковать драгоценной своей жизнью в защите блага общего и особенно в том туманном случае, когда безопасность собственного народа надо защищать в далёкой пока стране?

Даже биология знает, что привычка к высоко благополучной жизни не является преимуществом для живого существа. Сегодня и в жизни западного общества благополучие стало приоткрывать свою губящую маску.

ЮРИДИЧЕСКАЯ ЖИЗНЬ

Соответственно своим целям западное общество избрало и наиболее удобную для себя форму существования, которую я назвал бы юридиче-

well-being to an extent their fathers and grandfathers could not even dream about; it has become possible to raise young people according to these ideals, preparing them for and summoning them toward physical bloom, happiness, the possession of material goods, money, and leisure, toward an almost unlimited freedom in the choice of pleasures. So who should now renounce all this, why and for the sake of what should one risk one's precious life in defense of the common good and particularly in the nebulous case when the security of one's nation must be defended in an as yet distant land?

Even biology tells us that a high degree of habitual well-being is not advantageous to a living organism. Today, well-being in the life of Western society has begun to take off its pernicious mask.

LEGALISTIC LIFE

Western society has chosen for itself the organization best suited to its purposes and one I might call legalistic. The limits of human rights and rightness are determined by a system of laws; such limits are very broad. People in the West have acquired considerable skill in using, interpreting, and manipulating law (though laws tend to be too

ской. Границы прав и правоты человека (очень широкие) определяются системою законов. В этом юридическом стоянии, движении и лавировании западные люди приобрели большой навык и стойкость. (Впрочем, законы так сложны, что простой человек беспомощен действовать в них без специалиста.) Любой конфликт решается юридически — и это есть высшая форма решения. Если человек прав юридически — ничего выше не требуется. После этого никто не может указать ему на неполную правоту и склонять к самоограничению, к отказу от своих прав, просить о какой-либо жертве, бескорыстном риске — это выглядело бы просто нелепо. Добровольного самоограничения почти не встретишь: все стремятся к экспансии, доколе уже хрустят юридические рамки. (Юридически безупречны нефтяные компании, покупая изобретение нового вида энергии, чтобы ему не действовать. Юридически безупречны отравители продуктов, удолжая их сохранность: публике остаётся свобода их не покупать.)

Всю жизнь проведя под коммунизмом, я скажу: ужасно то общество, в котором вовсе нет беспристрастных юридических весов. Но общество, в котором нет других весов, кроме юридических, тоже мало достойно человека.

complicated for an average person to understand without the help of an expert). Every conflict is solved according to the letter of the law and this is considered to be the ultimate solution. If one is right from a legal point of view, nothing more is required, nobody may mention that one could still not be entirely right, and urge self-restraint or a renunciation of these rights, call for sacrifice and selfless risk: this would simply sound absurd. Voluntary self-restraint is almost unheard of: everybody strives toward further expansion to the extreme limit of the legal frames. (An oil company is legally blameless when it buys up an invention of a new type of energy in order to prevent its use. A food product manufacturer is legally blameless when he poisons his produce to make it last longer: after all, people are free not to purchase it.)

I have spent all my life under a Communist regime and I will tell you that a society without any objective legal scale is a terrible one indeed. But a society with no other scale but the legal one is also less than worthy of man. A society based on the letter of the law and never reaching any higher fails to take advantage of the full range of human possibilities. The letter of the law is too cold and formal to have a beneficial influence on society. Whenever the tissue of life is woven of legalistic relationships, this creates an atmosphere

Общество, ставшее на почву закона, но не выше, — слабо использует высоту человеческих возможностей. Право слишком холодно и формально, чтобы влиять на общество благодетельно. Когда вся жизнь пронизана отношениями юридическими — создаётся атмосфера душевной посредственности, омертвляющая лучшие взлёты человека.

Перед испытаниями же грозящего века удержаться одними юридическими подпорками будет просто невозможно.

НАПРАВЛЕНИЕ СВОБОДЫ

В сегодняшнем западном обществе открылось неравновесие между свободой для добрых дел и свободой для дел худых. И государственный деятель, который хочет для своей страны провести крупное созидательное дело, вынужден двигаться осмотрительными, даже робкими шагами, он всё время облеплен тысячами поспешливых (и безответственных) критиков, его всё время одёргивает пресса и парламент. Ему нужно доказать высокую безупречность и оправданность каждого шага. По сути человек выдающийся, великий, с необычными неожиданными мерами проявиться вообще не мо-

of spiritual mediocrity that paralyzes man's no-
blest impulses.

And it will be simply impossible to bear up to
the trials of this threatening century with nothing
but the supports of a legalistic structure.

THE DIRECTION OF FREEDOM

Today's Western society has revealed the ine-
quality between the freedom for good deeds and
the freedom for evil deeds. A statesman who
wants to achieve something important and highly
constructive for his country has to move cautiously
and even timidly; thousands of hasty (and irresponsible) critics cling to him at all times; he is
constantly rebuffed by parliament and the press.
He has to prove that his every step is well-founded
and absolutely flawless. Indeed, an outstanding,
truly great person who has unusual and unex-
pected initiatives in mind does not get any chance
to assert himself; dozens of traps will be set for him
from the beginning. Thus mediocrity triumphs
under the guise of democratic restraints.

It is feasible and easy everywhere to undermine
administrative power and it has in fact been drasti-
cally weakened in all Western countries. The defense of individual rights has reached such ex-

жет — ему в самом начале подставят десять подножек. Так под видом демократического ограничения торжествует посредственность.

Подрыв административной власти повсюду доступен и свободен, и все власти западных стран резко ослабли. Защита прав личности доведена до той крайности, что уже становится беззащитным само общество от иных личностей, — и на Западе приспела пора отстаивать уже не столько права людей, сколько их обязанности.

Напротив, свобода разрушительная, свобода безответственная получила самые широкие просторы. Общество оказалось слабо защищено от бездн человеческого падения, например, от злоупотребления свободой для морального насилия над юношеством, вроде фильмов с порнографией, преступностью или бесовщиной: все они попали в область свободы и теоретически уравновешиваются свободой юношества их не воспринимать. Так юридическая жизнь оказалась неспособна защитить себя от разъедающего зла.

Что же говорить о тёмных просторах прямой преступности? Широта юридических рамок (особенно американских) поощряет не только свободу личности, но и некоторые преступления её, даёт преступнику возможность остаться

tremes as to make society as a whole defenseless against certain individuals. It is time, in the West, to defend not so much human rights as human obligations.

On the other hand, destructive and irresponsible freedom has been granted boundless space. Society has turned out to have scarce defense against the abyss of human decadence, for example against the misuse of liberty for moral violence against young people, such as motion pictures full of pornography, crime, and horror. This is all considered to be part of freedom and to be counterbalanced, in theory, by the young people's right not to look and not to accept. Life organized legalistically has thus shown its inability to defend itself against the corrosion of evil.

And what shall we say about the dark realms of overt criminality? Legal limits (especially in the United States) are broad enough to encourage not only individual freedom but also some misuse of such freedom. The culprit can go unpunished or obtain undeserved leniency—all with the support of thousands of defenders in the society. When a government earnestly undertakes to root out terrorism, public opinion immediately accuses it of violating the terrorists' civil rights. There is quite a number of such cases.

This tilt of freedom toward evil has come about

безнаказанным или получить незаслуженное снисхождение — при поддержке тысячи общественных защитников. Если где власти берутся строго искоренять терроризм, то общественность тут же обвиняет их, что они нарушили гражданские права бандитов. Немало подобных примеров.

Весь этот переклон свободы в сторону зла создавался постепенно, но первичная основа ему, очевидно, была положена гуманистическим человеколюбивым представлением, что человек, хозяин этого мíра, не несёт в себе внутреннего зла, все пороки жизни происходят лишь от неверных социальных систем, которые и должны быть исправлены. Странно, вот на Западе достигнуты наилучшие социальные условия — а преступность несомненно велика и значительно больше, чем в нищем и беззаконном советском обществе. (Под именем уголовных у нас там сидит в лагерях огромное множество людей, но подавляющее их большинство — не преступники, а те, кто против беззаконного государства отстаивали себя неюридическими способами.)

НАПРАВЛЕНИЕ ПРЕССЫ

Широчайшей свободой, естественно, пользует-

gradually, but it evidently stems from a humanistic and benevolent concept according to which man—the master of this world—does not bear any evil within himself, and all the defects of life are caused by misguided social systems, which must therefore be corrected. Yet strangely enough, though the best social conditions have been achieved in the West, there still remains a great deal of crime; there even is considerably more of it than in the destitute and lawless Soviet society. (There is a multitude of prisoners in our camps who are termed criminals, but most of them never committed any crime; they merely tried to defend themselves against a lawless state by resorting to means outside the legal framework.)

THE DIRECTION OF THE PRESS

The press, too, of course, enjoys the widest freedom. (I shall be using the word "press" to include all the media.) But what use does it make of it?

Here again, the overriding concern is not to infringe the letter of the law. There is no true moral responsibility for distortion or disproportion. What sort of responsibility does a journalist or a newspaper have to the readership or to history? If they have misled public opinion by inaccurate in-

ся и пресса (я употребляю дальше это слово, включая всю медиа). Но — как?

Опять: лишь бы не перешагнуть юридические рамки, но безо всякой подлинной нравственной ответственности за искажение, за смещение пропорций. Какая у журналиста и газеты ответственность перед читающей публикой или перед историей? Если они неверной информацией или неверными заключениями повели общественное мнение по неверному пути, даже способствовали государственным ошибкам — известны ли случаи публичного потом раскаяния этого журналиста или этой газеты? Нет, это подорвало бы продажу. На этом случае может потерять государство, но журналист всегда выходит сух. Скорее всего он будет теперь с новым апломбом писать противоположное прежнему.

Необходимость дать мгновенную авторитетную информацию заставляет заполнять пустоты догадками, собирать слухи и предположения, которые потом никогда не опровергнутся, но осядут в памяти масс. Сколько поспешных, опрометчивых, незрелых, заблудительных суждений высказывается ежедневно, заморочивает мозги читателей — и так застывает! Пресса имеет возможность и симулировать общественное мнение, и воспитать его извращённо. То со-

formation or wrong conclusions, even if they have contributed to mistakes on a state level, do we know of any case of open regret voiced by the same journalist or the same newspaper? No; this would damage sales. A nation may be the worse for such a mistake, but the journalist always gets away with it. It is most likely that he will start writing the exact opposite to his previous statements with renewed aplomb.

Because instant and credible information is required, it becomes necessary to resort to guesswork, rumors, and suppositions to fill in the voids, and none of them will ever be refuted; they settle into the readers' memory. How many hasty, immature, superficial, and misleading judgments are expressed every day, confusing readers, and are then left hanging? The press can act the role of public opinion or miseducate it. Thus we may see terrorists heroized, or secret matters pertaining to the nation's defense publicly revealed, or we may witness shameless intrusion into the privacy of well-known people according to the slogan "Everyone is entitled to know everything." (But this is a false slogan of a false era; far greater in value is the forfeited right of people *not to know*, not to have their divine souls stuffed with gossip, nonsense, vain talk. A person who

здаётся геростратова слава террористам, то раскрываются даже оборонные тайны своей страны, то беззастенчиво вмешиваются в личную жизнь известных лиц под лозунгом: «Все имеют право всё знать». (Ложный лозунг ложного века: много выше утерянное право людей *не знать,* не забивать своей божественной души—сплетнями, суесловием, праздной чепухой. Люди истинного труда и содержательной жизни совсем не нуждаются в этом избыточном отягощающем потоке информации).

Поверхностность и поспешность—психическая болезнь XX века, более всего и выражена в прессе. Прессе противопоказано войти в глубину проблемы, это не в природе её, она лишь выхватывает сенсационные формулировки.

И при всех этих качествах пресса стала первейшей силой западных государств, превосходя силу исполнительной власти, законодательной и судебной. А между тем: по какому избирательному закону она избрана и перед кем отчитывается? Если на коммунистическом Востоке журналист откровенно назначается как государственный чиновник, то кто выбирал западных журналистов в их состояние власти? На какой срок и с какими полномочиями?

И ещё одна неожиданность для человека,

works and leads a meaningful life has no need for this excessive and burdening flow of information.)

Hastiness and superficiality—these are the psychic diseases of the twentieth century and more than anywhere else this is manifested in the press. In-depth analysis of a problem is anathema to the press; it is contrary to its nature. The press merely picks out sensational formulas.

Such as it is, however, the press has become the greatest power within the Western countries, exceeding that of the legislature, the executive, and the judiciary. Yet one would like to ask: According to what law has it been elected and to whom is it responsible? In the Communist East, a journalist is frankly appointed as a state official. But who has voted Western journalists into their positions of power, for how long a time, and with what prerogatives?

There is yet another surprise for someone coming from the totalitarian East with its rigorously unified press: One discovers a common trend of preferences within the Western press as a whole (the spirit of the time), generally accepted patterns of judgment, and maybe common corporate interests, the sum effect being not competition but unification. Unrestrained freedom exists for the press, but not for the readership, because newspa-

пришедшего с тоталитарного Востока с его строгой унификацией прессы: у западной прессы в целом тоже обнаруживается общее направление симпатий (ветер века), общепризнанные допустимые границы суждений, а может быть и общекорпоративные интересы, и всё это вместе действует не соревновательно, а унифицированно. Безудержная свобода существует для самой прессы, но не для читателей: достаточно выпукло и звучно газеты передают только те мнения, которые не слишком противоречат их собственным и этому общему направлению.

МОДА НА МЫСЛИ

Безо всякой цензуры на Западе осуществляется придирчивый отбор мыслей модных от мыслей немодных — и последние, хотя никем не запрещены, не имеют реального пути ни в периодической прессе, ни через книги, ни с университетских кафедр. Дух ваших исследователей свободен юридически — но обставлен идолами сегодняшней моды. Не прямым насилием, как на Востоке, но этим отбором моды, необходимостью угождать массовым стандартом, устраняются от вклада в общественную жизнь наиболее самосто-

pers mostly transmit in a forceful and emphatic way those opinions which do not too openly contradict their own and that general trend.

A FASHION IN THINKING

Without any censorship in the West, fashionable trends of thought and ideas are fastidiously separated from those that are not fashionable, and the latter, without ever being forbidden, have little chance of finding their way into periodicals or books or being heard in colleges. Your scholars are free in the legal sense, but they are hemmed in by the idols of the prevailing fad. There is no open violence, as in the East; however, a selection dictated by fashion and the need to accommodate mass standards frequently prevents the most independent-minded persons from contributing to public life and gives rise to dangerous herd instincts that block successful development. In America, I have received letters from highly intelligent persons—maybe a teacher in a faraway small college who could do much for the renewal and salvation of his country, but the country cannot hear him because the media will not provide him with a forum. This gives birth to strong mass prejudices, to a blindness which is perilous in our

ятельно думающие личности, появляются опасные черты стадности, закрывающей эффективное развитие. В Америке мне приходилось получать письма замечательно умных людей, какого-нибудь профессора дальнего провинциального колледжа, который много способствовал бы освежению и спасению своей страны, — но страна не может его услышать: его не подхватит медиа. Так создаются сильные массовые предубеждения, слепота, опасная в наш динамичный век. Например, иллюзорное понимание современного мірового положения — такой окаменелый панцырь вокруг голов, что через него уже не проникает ничей человеческий голос из 17 стран Восточной Европы и Восточной Азии,—а только проломит его неизбежный лом событий.

Я перечислил несколько черт западной жизни, которые поражают человека, пришедшего в этот мір понову. Размеры и задачи этой речи не позволяют продолжить обзор: как эти особенности западного общества отражаются на таких важных сторонах национального существования, как образование начальное, образование высшее гуманитарное и искусство.

СОЦИАЛИЗМ

Почти все признают, что Запад указывает

dynamic era. An example is the self-deluding interpretation of the state of affairs in the contemporary world that functions as a sort of a petrified armor around people's minds, to such a degree that human voices from seventeen countries of Eastern Europe and Eastern Asia cannot pierce it. It will be broken only by the inexorable crowbar of events.

I have mentioned a few traits of Western life which surprise and shock a new arrival to this world. The purpose and scope of this speech will not allow me to continue such a survey, in particular to look into the impact of these characteristics on important aspects of a nation's life, such as elementary education, advanced education in the humanities, and art.

SOCIALISM

It is almost universally recognized that the West shows all the world the way to successful economic development, even though in past years it has been sharply offset by chaotic inflation. However, many people living in the West are dissatisfied with their own society. They despise it or accuse it of no longer being up to the level of maturity attained by mankind. And this causes many to

всему міру выгодный экономический путь развития, последнее время сбиваемый, правда, хаотической инфляцией. Но и многие живущие на Западе недовольны своим обществом, презирают его или упрекают, что оно уже не соответствует уровню, к которому созрело человечество. И многих это заставляет колебнуться в сторону ложного и опасного течения социализма.

Я надеюсь, никто из присутствующих не заподозрит, что я провёл эту частную критику западной системы для того, чтобы выдвинуть взамен идею социализма. Нет, с опытом страны осуществлённого социализма я во всяком случае не предложу социалистическую альтернативу. Что социализм всякий вообще и во всех оттенках ведёт ко всеобщему уничтожению духовной сущности человека и нивелированию человечества в смерть — глубоким историческим анализом показал математик академик Шафаревич в своей блестяще аргументированной книге «Социализм»; скоро 2 года, как она опубликована во Франции, — но ещё никто не нашёлся ответить на неё. В близком времени она будет опубликована и в Америке.

sway toward socialism, which is a false and danger-
ous current.

I hope that no one present will suspect me of
expressing my partial criticism of the Western system in order to suggest socialism as an alternative.
No; with the experience of a country where socialism has been realized, I shall certainly not speak
for such an alternative. The mathematician Igor
Shafarevich, a member of the Soviet Academy of
Science, has written a brilliantly argued book enti-
tled *Socialism;* this is a penetrating historical anal-
ysis demonstrating that socialism of any type and
shade leads to a total destruction of the human
spirit and to a leveling of mankind into death.
Shafarevich's book was published in France almost
two years ago and so far no one has been found to
refute it. It will shortly be published in English in
the U.S.

NOT A MODEL

But should I be asked, instead, whether I would
propose the West, such as it is today, as a model to
my country, I would frankly have to answer nega-
tively. No, I could not recommend your society as
an ideal for the transformation of ours. Through
deep suffering, people in our country have now

НЕ ОБРАЗЕЦ

Но если меня спросят напротив: хочу ли я предложить своей стране в качестве образца сегодняшний Запад как он есть, я должен буду откровенно ответить: нет, ваше общество я не мог бы рекомендовать как идеал для преобразования нашего. Для того богатого душевного развития, которое уже выстрадано нашею страною в этом веке, — западная система в её нынешнем, духовно-истощённом виде не представляется заманчивой. Даже перечисленные особенности вашей жизни приводят в крайнее огорчение.

Несомненный факт: расслабление человеческих характеров на Западе и укрепление их на Востоке. За шесть десятилетий наш народ, за три десятилетия — народы Восточной Европы прошли душевную школу, намного опережающую западный опыт. Сложно и смертно давящая жизнь выработала характеры более сильные, более глубокие и интересные, чем благополучная регламентированная жизнь Запада. Поэтому для нашего общества обращение в ваше означало бы в чём повышение, а в чём и понижение — и в очень дорогом. Да, невозможно оставаться обществу в такой бездне беззакония, как у нас, но и ничтожно ему оставаться на такой бездушевной юридической гладкости, как

sway toward socialism, which is a false and danger-ous current.

I hope that no one present will suspect me of expressing my partial criticism of the Western sys-tem in order to suggest socialism as an alternative. No; with the experience of a country where social-ism has been realized, I shall certainly not speak for such an alternative. The mathematician Igor Shafarevich, a member of the Soviet Academy of Science, has written a brilliantly argued book enti-tled *Socialism;* this is a penetrating historical anal-ysis demonstrating that socialism of any type and shade leads to a total destruction of the human spirit and to a leveling of mankind into death. Shafarevich's book was published in France almost two years ago and so far no one has been found to refute it. It will shortly be published in English in the U.S.

NOT A MODEL

But should I be asked, instead, whether I would propose the West, such as it is today, as a model to my country, I would frankly have to answer nega-tively. No, I could not recommend your society as an ideal for the transformation of ours. Through deep suffering, people in our country have now

НЕ ОБРАЗЕЦ

Но если меня спросят напротив: хочу ли я предложить своей стране в качестве образца сегодняшний Запад как он есть, я должен буду откровенно ответить: нет, ваше общество я не мог бы рекомендовать как идеал для преобразования нашего. Для того богатого душевного развития, которое уже выстрадано нашею страною в этом веке, — западная система в её нынешнем, духовно-истощённом виде не представляется заманчивой. Даже перечисленные особенности вашей жизни приводят в крайнее огорчение. Несомненный факт: расслабление человеческих характеров на Западе и укрепление их на Востоке. За шесть десятилетий наш народ, за три десятилетия — народы Восточной Европы прошли душевную школу, намного опережающую западный опыт. Сложно и смертно давящая жизнь выработала характеры более сильные, более глубокие и интересные, чем благополучная регламентированная жизнь Запада. Поэтому для нашего общества обращение в ваше означало бы в чём повышение, а в чём и понижение — и в очень дорогом. Да, невозможно оставаться обществу в такой бездне беззакония, как у нас, но и ничтожно ему оставаться на такой бездушевной юридической гладкости, как

---

achieved a spiritual development of such intensity that the Western system in its present state of spiritual exhaustion does not look attractive. Even those characteristics of your life which I have just enumerated are extremely saddening.

A fact which cannot be disputed is the weakening of human personality in the West while in the East it has become firmer and stronger. Six decades for our people and three decades for the people of Eastern Europe; during that time we have been through a spiritual training far in advance of Western experience. The complex and deadly crush of life has produced stronger, deeper, and more interesting personalities than those generated by standardized Western well-being. Therefore, if our society were to be transformed into yours, it would mean an improvement in certain aspects, but also a change for the worse on some particularly significant points. Of course, a society cannot remain in an abyss of lawlessness, as is the case in our country. But it is also demeaning for it to stay on such a soulless and smooth plane of legalism, as is the case in yours. After the suffering of decades of violence and oppression, the human soul longs for things higher, warmer, and purer than those offered by today's mass living habits, introduced as by a calling card by the revolting invasion of commercial advertis-

у вас. Душа человека, исстрадавшаяся под десятилетиями насилия, тянется к чему-то более высокому, более тёплому, более чистому, чем может предложить нам сегодняшнее западное массовое существование, как визитной карточкой предпосылаемое отвратным напором реклам, одурением телевидения и непереносимой музыкой.

И это всё видно глазам многих наблюдателей, изо всех міров нашей планеты. Западный образ существования всё менее имеет перспективу стать ведущим образцом.

Бывают симптоматичные предупреждения, которые посылает история угрожаемому или гибнущему обществу: например, падение искусств или отсутствие великих государственных деятелей. Иногда предупреждения бывают и совсем ощутимыми, вполне прямыми: центр вашей демократии и культуры на несколько часов остаётся без электричества — всего-то, — и сразу же целые толпы американских граждан бросаются грабить и насиловать. Такова толщина плёнки! Такова непрочность общественного строя и отсутствие внутреннего здоровья в нём.

Не когда-то наступит, а уже идёт — физическая, духовная, космическая! — борьба за нашу планету. В своё решающее наступление уже идёт и давит міровое Зло — а ваши экраны

ing, by TV stupor, and by intolerable music.

All this is visible to numerous observers from all the worlds of our planet. The Western way of life is less and less likely to become the leading model.

There are telltale symptoms by which history gives warning to a threatened or perishing society. Such are, for instance, a decline of the arts or a lack of great statesmen. Indeed, sometimes the warnings are quite explicit and concrete. The center of your democracy and of your culture is left without electric power for a few hours only, and all of a sudden crowds of American citizens start looting and creating havoc. The smooth surface film must be very thin, then, the social system quite unstable and unhealthy.

But the fight for our planet, physical and spiritual, a fight of cosmic proportions, is not a vague matter of the future; it has already started. The forces of Evil have begun their decisive offensive. You can feel their pressure, yet your screens and publications are full of prescribed smiles and raised glasses. What is the joy about?

SHORT-SIGHTEDNESS

Very well known representatives of your society, such as George Kennan, say: "We cannot

и печатные издания наполнены обязательными улыбками и поднятыми бокалами. В радость — чему?

НЕДАЛЬНОВИДНОСТЬ

Ваши весьма видные деятели, как Джордж Кеннан, говорят: вступая в область большой политики, мы уже не можем пользоваться моральными указателями. Вот так, смешением добра и зла, правоты и неправоты лучше всего и подготовляется почва для абсолютного торжества абсолютного Зла в мiре. Против мiровой, хорошо продуманной стратегии коммунизма Западу только и могут помочь нравственные указатели — а других нет; а соображения любой конъюнктуры всегда рухнут перед стратегией. Юридическое мышление с какого-то уровня проблем каменит: оно не даёт видеть ни размера, ни смысла событий.

Несмотря на множественность информации — или отчасти именно благодаря ей — западный мiр весьма слабо ориентируется в происходящей действительности. Таковы, например, были анекдотические предсказания некоторых американских экспертов, что Советский Союз найдёт себе в Анголе свой Вьетнам, или что наг-

apply moral criteria to politics." Thus we mix good and evil, right and wrong, and make space for the absolute triumph of absolute evil in the world. Only moral criteria can help the West against communism's well-planned world strategy. There are no other criteria. Practical or occasional considerations of any kind will inevitably be swept away by strategy. After a certain level of the problem has been reached, legalistic thinking induces paralysis; it prevents one from seeing the scale and the meaning of events.

In spite of the abundance of information, or maybe partly because of it, the West has great difficulty in finding its bearings amid contemporary events. There have been naïve predictions by some American experts who believed that Angola would become the Soviet Union's Vietnam or that the impudent Cuban expeditions in Africa would best be stopped by special U.S. courtesy to Cuba. Kennan's advice to his own country—to begin unilateral disarmament—belongs to the same category. If you only knew how the youngest of the officials in Moscow's Old Square* roar with laughter at your political

*The Old Square in Moscow *(Staraya Ploshchad)* is the place where the headquarters of the Central Committee of the CPSU are located; it is the real name of what in the West is conventionally referred to as the Kremlin.

———

лые африканские экспедиции Кубы лучше всего умерятся ухаживанием за ней Соедииённых Штатов. Таковы ж и советы Кеннана своей стране — приступить к одностороннему разоружению. О, знали бы вы, как хохочут над вашими политическими мудрецами самые моложеньке референты Старой Площади!* А уж Фидель Кастро откровенно считает Соединённые Штаты ничтожеством, если, находясь тут рядом, осмеливается бросать свои войска на дальние авантюры.

Но самый жестокий промах произошёл с непониманием вьетнамской войны. Одни искренно хотели, чтоб только скорей прекратилась всякая война, другие мнили, что надо дать простор национальному или коммунистическому самоопределению Вьетнама (или, как особенно наглядно видно сегодня, — Камбоджи). А на самом деле участники американского антивоенного движения оказались соучастниками предательства дальневосточных народов — того геноцида и страданий, которые сегодня там сотрясают 30 миллионов человек. Но эти стоны — слышат ли теперь принципиальные пацифисты? сознают ли сегодня свою ответственность? или пред-

* Старая Площадь — Резиденция ЦК КПСС, истинное название того места, которое на Западе условно называют Кремлем.

wizards! As to Fidel Castro, he openly scorns the United States, boldly sending his troops to distant adventures from his country right next to yours.

However, the most cruel mistake occurred with the failure to understand the Vietnam war. Some people sincerely wanted all wars to stop just as soon as possible; others believed that the way should be left open for national, or Communist, self-determination in Vietnam (or in Cambodia, as we see today with particular clarity). But in fact, members of the U.S. antiwar movement became accomplices in the betrayal of Far Eastern nations, in the genocide and the suffering today imposed on thirty million people there. Do these convinced pacifists now hear the moans coming from there? Do they understand their responsibility today? Or do they prefer not to hear? The American intelligentsia lost its nerve and as a consequence the danger has come much closer to the United States. But there is no awareness of this. Your short-sighted politician who signed the hasty Vietnam capitulation seemingly gave America a carefree breathing pause; however, a hundredfold Vietnam now looms over you. Small Vietnam had been a warning and an occasion to mobilize the nation's courage. But if the full might of Amer-

почитают не слышать? У американского образованного общества сдали нервы — а в результате угроза сильно приблизилась к самим Соединённым Штатам. Но это не сознаётся. Ваш недальновидный политик, подписавший поспешную вьетнамскую капитуляцию, дал Америке вытянуться как будто в беззаботную передышку — но вот уже усотерённый Вьетнам вырастает перед вами. Маленький Вьетнам был послан вам предупреждением и поводом мобилизовать своё мужество. Но если полновесная Америка потерпела полноценное поражение даже от маленькой коммунистической полу-страны — то на какое устояние Запад может рассчитывать в будущем?

Мне пришлось уже говорить, что в XX веке западная демократия самостоятельно не выиграла ни одной большой войны: каждый раз она загораживалась сильным сухопутным союзником, не придираясь к его мировоззрению. Так во 2-й мировой войне против Гитлера, вместо того чтобы выиграть войну собственными силами, которых было конечно достаточно, — вырастили себе горшего и сильнейшего врага, ибо никогда Гитлер не имел ни столько ресурсов, ни столько людей, ни пробивных идей, ни столько своих сторонников в западном мире, пятую колонну, как Советский Союз. А

ica suffered a full-fledged defeat at the hands of a small Communist half-country, how can the West hope to stand firm in the future?

I have said on another occasion that in the twentieth century Western democracy has not won any major war by itself; each time it shielded itself with an ally possessing a powerful land army, whose philosophy it did not question. In World War II against Hitler, instead of winning the conflict with its own forces, which would certainly have been sufficient, Western democracy raised up another enemy, one that would prove worse and more powerful, since Hitler had neither the resources nor the people, nor the ideas with broad appeal, nor such a large number of supporters in the West—a fifth column—as the Soviet Union possessed. Some Western voices already have spoken of the need of a protective screen against hostile forces in the next world conflict; in this case, the shield would be China. But I would not wish such an outcome to any country in the world. First of all, it is again a doomed alliance with evil; it would grant the United States a respite, but when at a later date China with its billion people would turn around armed with American weapons, America itself would fall victim to a Cambodia-style genocide.

ныне на Западе уже раздаются голоса: как бы ещё в одном міровом конфликте заслониться против силы — чужою силой, загородиться теперь — Китаем. Однако, никому в міре не пожелаю такого исхода: не говоря, что это — опять роковой союз со Злом, это дало бы Америке лишь некоторую оттяжку, но затем, когда миллиардный Китай обернулся бы с американским оружием, — сама Америка была бы отдана нынешнему камбоджийскому геноциду.

ПОТЕРЯННОСТЬ ВОЛИ

Но и никакое величайшее вооружение не поможет Западу, пока он не преодолеет потерянности своей воли. При такой душевной расслабленности самое это вооружение становится отягощением капитулянту. Для обороны нужна и готовность умереть, а её мало в обществе, воспитанном на культе земного благополучия. И тогда остаются только уступки, оттяжки и предательства. В позорном Белграде свободные западные дипломаты в слабости уступили тот рубеж, на котором подгнётные члены хельсинкских групп отдают свои жизни.

Западное мышление стало консервативным:

And yet, no weapons, no matter how powerful, can help the West until it overcomes its loss of will power. In a state of psychological weakness, weapons even become a burden for the capitulating side. To defend oneself, one must also be ready to die; there is little such readiness in a society raised in the cult of material well-being. Nothing is left, in this case, but concessions, attempts to gain time, and betrayal. Thus at the shameful Belgrade conference, free Western diplomats in their weakness surrendered the line of defense for which enslaved members of the Helsinki Watch Groups are sacrificing their lives.

Western thinking has become conservative: the world situation must stay as it is at any cost; there must be no changes. This debilitating dream of a status quo is the symptom of a society that has ceased to develop. But one must be blind in order not to see that the oceans no longer belong to the West, while the land under its domination keeps shrinking. The two so-called world wars (they were by far not on a world scale, not yet) constituted the internal self-destruction of the small progressive West which has thus prepared its own end. The next war (which does not have to be an

только бы сохранялось мíровое положение, как оно есть, только бы ничто не менялось. Расслабляющая мечта о статус-кво — признак общества, закончившего своё развитие. Но надо быть слепым, чтобы не видеть, как перестали принадлежать Западу океаны, и всё стягивается под ним территория земной суши. Две так называемых мíровых — а совсем ещё не мíровых — войны, состояли в том, что маленький прогрессивный Запад внутри себя уничтожал сам себя и тем подготовил свой конец. Следующая война — не обязательно атомная, я в неё не верю, — может похоронить западную цивилизацию окончательно.

И перед лицом этой опасности — как же, с такими историческими ценностями за спиной, с таким уровнем достигнутой свободы и как будто преданности ей — настолько потерять волю к защите?!

ГУМАНИЗМ И ЕГО ПОСЛЕДСТВИЯ

Как сложилось нынешнее невыгодное соотношение? От своего триумфального шествия — каким образом западный мíр впал в такую немощь? Были в его развитии губительные переломы, потери взятого курса? Да как будто

atomic one; I do not believe it will be) may well bury Western civilization forever.

In the face of such a danger, with such historical values in your past, with such a high level of attained freedom and, apparently, of devotion to it, how is it possible to lose to such an extent the will to defend oneself?

HUMANISM AND ITS CONSEQUENCES

How has this unfavorable relation of forces come about? How did the West decline from its triumphal march to its present debility? Have there been fatal turns and losses of direction in its development? It does not seem so. The West kept advancing steadily in accordance with its proclaimed social intentions, hand in hand with a dazzling progress in technology. And all of a sudden it found itself in its present state of weakness.

This means that the mistake must be at the root, at the very foundation of thought in modern times. I refer to the prevailing Western view of the world which was born in the Renaissance and has found political expression since the Age of Enlightenment. It became the basis for political and social doctrine and could be called rationalistic humanism or humanistic autonomy: the pro-

нет. Запад только прогрессировал и прогрессировал в объявленном социальном направлении, об руку с блистательным техническим Прогрессом. И вдруг оказался в нынешней слабости.

И тогда остаётся искать ошибку в самом корне, в основе мышления Нового времени. Я имею ввиду то господствующее на Западе миросознание, которое родилось в Возрождение, а в политические формы отлилось с эпохи Просвещения, легло в основу всех государственных и общественных наук и может быть названо рационалистическим гуманизмом либо гуманистической автономностью — провозглашённой и проводимой автономностью человека от всякой высшей над ним силы. Либо, иначе, антропоцентризмом — представлением о человеке как о центре существующего.

Сам по себе поворот Возрождения был, очевидно, исторически неизбежен: Средние Века исчерпали себя, стали невыносимы деспотическим подавлением физической природы человека в пользу духовной. Но и мы отринулись из Духа в Материю — несоразмерно, непомерно. Гуманистическое сознание, заявившее себя нашим руководителем, не признало в человеке внутреннего зла, не признало за человеком иных задач выше земного счастья и

claimed and practiced autonomy of man from any higher force above him. It could also be called anthropocentricity, with man seen as the center of all.

The turn introduced by the Renaissance was probably inevitable historically: the Middle Ages had come to a natural end by exhaustion, having become an intolerable despotic repression of man's physical nature in favor of the spiritual one. But then we recoiled from the spirit and embraced all that is material, excessively and incommensurately. The humanistic way of thinking, which had proclaimed itself our guide, did not admit the existence of intrinsic evil in man, nor did it see any task higher than the attainment of happiness on earth. It started modern Western civilization on the dangerous trend of worshiping man and his material needs. Everything beyond physical well-being and the accumulation of material goods, all other human requirements and characteristics of a subtler and higher nature, were left outside the area of attention of state and social systems, as if human life did not have any higher meaning. Thus gaps were left open for evil, and its drafts blow freely today. Mere freedom per se does not in the least solve all the problems of human life and even adds a number of new ones.

And yet in early democracies, as in American

положило в основу современной западной цивилизации опасный уклон преклонения перед человеком и его материальными потребностями. За пределами физического благополучия и накопления материальных благ все другие, более тонкие и высокие, особенности и потребности человека остались вне внимания государственных устройств и социальных систем, как если бы человек не имел более высокого смысла жизни. Так и оставлены были сквозняки для зла, которые сегодня и продувают свободно. Сама по себе обнажённая свобода никак не решает всех проблем человеческого существования, а во множестве ставит новые.

Но всё же в ранних демократиях — также и в американской при её рождении, все права признавались за личностью лишь как за Божьим творением, то есть свобода вручалась личности условно, в предположении её постоянной религиозной ответственности — таково было наследие предыдущего тысячелетия. Ещё 200 лет назад в Америке — да даже и 50 лет назад, казалось невозможным, чтобы человек получил необузданную свободу — просто так, для своих страстей. Однако с тех пор во всех западных странах это ограничение выветрилось, произошло окончательное освобождение от мо-

democracy at the time of its birth, all individual human rights were granted on the ground that man is God's creature. That is, freedom was given to the individual conditionally, in the assumption of his constant religious responsibility. Such was the heritage of the preceding one thousand years. Two hundred or even fifty years ago, it would have seemed quite impossible, in America, that an individual be granted boundless freedom with no purpose, simply for the satisfaction of his whims. Subsequently, however, all such limitations were eroded everywhere in the West; a total emancipation occurred from the moral heritage of Christian centuries with their great reserves of mercy and sacrifice. State systems were becoming ever more materialistic. The West has finally achieved the rights of man, and even to excess, but man's sense of responsibility to God and society has grown dimmer and dimmer. In the past decades, the legalistic selfishness of the Western approach to the world has reached its peak and the world has found itself in a harsh spiritual crisis and a political impasse. All the celebrated technological achievements of progress, including the conquest of outer space, do not redeem the twentieth century's moral poverty, which no one could have imagined even as late as the nineteenth century.

рального наследства христианских веков с их большими запасами то милости, то жертвы, и государственные системы принимали всё более законченный материалистический вид. Запад наконец отстоял права человека и даже с избытком — но совсем поблекло сознание ответственности человека перед Богом и обществом. В самые последние десятилетия этот юридический эгоизм западного мироощущения окончательно достигнут — и мир оказался в жестоком духовном кризисе и политическом тупике. И все технические достижения прославленного Прогресса, вместе и с Космосом, не искупили той моральной нищеты, в которую впал XX век, и которую нельзя было предположить, глядя даже из XIX-го.

НЕОЖИДАННЫЕ РОДСТВЕННИКИ

Чем более гуманизм в своём развитии материализовался, тем больше давал он оснований спекулировать собою — социализму, а затем и коммунизму. Так что Карл Маркс мог выразиться (1844): «Коммунизм есть натурализованный гуманизм».

И это оказалось не совсем лишено смысла: в основаниях выветренного гуманизма и вся-

AN UNEXPECTED KINSHIP

As humanism in its development was becoming more and more materialistic, it also increasingly allowed its concepts to be used first by socialism and then by communism. So that Karl Marx was able to say, in 1844, that "communism is naturalized humanism."

This statement has proved to be not entirely unreasonable. One does see the same stones in the foundations of an eroded humanism and of any type of socialism: boundless materialism; freedom from religion and religious responsibility (which under Communist regimes attains the stage of antireligious dictatorship); concentration on social structures with an allegedly scientific approach. (This last is typical of both the Age of Enlightenment and of Marxism.) It is no accident that all of communism's rhetorical vows revolve around Man (with a capital *M*) and his earthly happiness. At first glance it seems an ugly parallel: common traits in the thinking and way of life of today's West and today's East? But such is the logic of materialistic development.

The interrelationship is such, moreover, that the current of materialism which is farthest to the left, and is hence the most consistent, always

кого социализма можно разглядеть общие камни: бескрайний материализм; свободу от религии и религиозной ответственности (при коммунизме доводимую до антирелигиозной диктатуры); сосредоточенность на социальном построении и наукообразность в этом (Просвещение ХУІІІ века и марксизм). Не случайно все словесные клятвы коммунизма — вокруг человека с большой буквы и его земного счастья. Как будто уродливое сопоставление — общие черты в міросознании и строе жизни нынешнего Запада и нынешнего Востока! — но такова логика развития материализма.

Причём, в этом соотношении родства закон таков, что всегда оказывается сильней, привлекательней и победоносней то течение материализма, которое левей и, значит, последовательней. И гуманизм, вполне утерявший христианское наследие, не способен выстоять в этом соревновании. Так, в течение минувших веков и особенно последних десятилетий, когда процесс обострился, в міровом соотношении сил: либерализм неизбежно теснился радикализмом, тот был вынужден уступать социализму, а социализм не устаивал против коммунизма. Именно потому коммунистический строй мог так устоять и укрепиться на Востоке, что его рьяно поддерживали (ощущая с ним родство!) буквально массы западной интеллиген-

proves to be stronger, more attractive, and victorious. Humanism which has lost its Christian heritage cannot prevail in this competition. Thus during the past centuries and especially in recent decades, as the process became more acute, the alignment of forces was as follows: Liberalism was inevitably pushed aside by radicalism, radicalism had to surrender to socialism, and socialism could not stand up to communism. The Communist regime in the East could endure and grow due to the enthusiastic support from an enormous number of Western intellectuals who (feeling the kinship!) refused to see communism's crimes, and when they no longer could do so, they tried to justify these crimes. The problem persists: In our Eastern countries, communism has suffered a complete ideological defeat; it is zero and less than zero. And yet Western intellectuals still look at it with considerable interest and empathy, and this is precisely what makes it so immensely difficult for the West to withstand the East.

BEFORE THE TURN

I am not examining the case of a disaster brought on by a world war and the changes which it would produce in society. But as long as we wake

ции, не замечали его злодейств, а уж когда нельзя было не заметить — оправдывали их. Так и сегодня: у нас на Востоке коммунизм идеологически потерял всё, он упал уже до ноля и ниже ноля, западная же интеллигенция в значительной степени чувствительна к нему, сохраняет симпатию — и это-то делает для Запада такой безмерно трудной задачу устояния против Востока.

ПЕРЕД ПОВОРОТОМ

Я не разбираю случая всемірной военной катастрофы и тех изменений общества, которые она бы вызвала. Но пока мы ежедневно пробуждаемся под спокойным солнцем, мы обязаны вести и ежедневную жизнь. А есть катастрофа, которая наступила уже изрядно: это — катастрофа гуманистического автономного безрелигиозного сознания.

Мерою всех вещей на Земле оно поставило человека — несовершенного человека, никогда не свободного от самолюбия, корыстолюбия, зависти, тщеславия и десятков других пороков. И вот, ошибки, не оцененные в начале пути, теперь мстят за себя. Путь, пройденный от Возрождения, обогатил нас опытом, но мы утеряли то Целое, Высшее, когда-то полагавшее предел

up every morning under a peaceful sun, we must lead an everyday life. Yet there is a disaster which is already very much with us. I am referring to the calamity of an autonomous, irreligious humanistic consciousness.

It has made man the measure of all things on earth—imperfect man, who is never free of pride, self-interest, envy, vanity, and dozens of other defects. We are now paying for the mistakes which were not properly appraised at the beginning of the journey. On the way from the Renaissance to our days we have enriched our experience, but we have lost the concept of a Supreme Complete Entity which used to restrain our passions and our irresponsibility. We have placed too much hope in politics and social reforms, only to find out that we were being deprived of our most precious possession: our spiritual life. It is trampled by the party mob in the East, by the commercial one in the West. This is the essence of the crisis: the split in the world is less terrifying than the similarity of the disease afflicting its main sections.

If, as claimed by humanism, man were born only to be happy, he would not be born to die. Since his body is doomed to death, his task on earth evidently must be more spiritual: not a total engrossment in everyday life, not the search for the best ways to obtain material goods and then

нашим страстям и безответственности. Слишком много надежд мы отдали политико-социальным преобразованиям — а оказалось, что у нас отбирают самое драгоценное, что у нас есть: нашу внутреннюю жизнь. На Востоке её вытаптывает партийный базар, на Западе коммерческий. Вот каков кризис: не то даже страшно, что мiр расколот, но что у главных расколотых частей его — сходная болезнь.

Если бы, как декларировал гуманизм, человек был рождён только для счастья — он не был бы рождён и для смерти. Но оттого, что он телесно обречён смерти, его земная задача, очевидно, духовней: не захлёб повседневностью, не наилучшие способы добывания благ, а потом весёлого проживания их, но несение постоянного и трудного долга, так что весь жизненный путь становится опытом главным образом нравственного возвышения: покинуть жизнь существом более высоким, чем начинал её. Неизбежно пересмотреть шкалу распространённых человеческих ценностей и изумиться неправильности её сегодня. Невозможно, чтоб оценка деятельности президента сводилась бы к тому, какова твоя заработная плата и не ограничен ли в продаже бензин. Только добровольное воспитание в самих себе светлого самоограничения возвышает людей над материальным потоком мiра.

---

their carefree consumption. It has to be the fulfill-
ment of a permanent, earnest duty so that one's
life journey may become above all an experience
of moral growth: to leave life a better human
being than one started it. It is imperative to reap-
praise the scale of the usual human values; its present incorrectness is astounding. It is not possible
that assessment of the President's performance
should be reduced to the question of how much
money one makes or to the availability of gasoline.
Only by the voluntary nurturing in ourselves of
freely accepted and serene self-restraint can mankind rise above the world stream of materialism.

Today it would be retrogressive to hold on to the
ossified formulas of the Enlightenment. Such social dogmatism leaves us helpless before the trials
of our times.

Even if we are spared destruction by war, life
will have to change in order not to perish on its
own. We cannot avoid reassessing the fundamen-
tal definitions of human life and human society. Is
it true that man is above everything? Is there no
Superior Spirit above him? Is it right that man's
life and society's activities should be ruled by material expansion above all? Is it permissible to pro-
mote such expansion to the detriment of our inte-
gral spiritual life?

If the world has not approached its end, it has

Держаться сегодня за окостеневшие формулы эпохи Просвещения — ретроградство. Эта социальная догматика оставляет нас беспомощными в испытаниях нынешнего века.

Если и минет нас военная гибель, то неизбежно наша жизнь не останется теперешней, чтоб не погибнуть сама по себе. Нам не избежать пересмотреть фундаментальные определения человеческой жизни и человеческого общества: действительно ли превыше всего человек, и нет над ним Высшего Духа? Верно ли, что жизнь человека и деятельность общества должны более всего определяться материальной экспансией? Допустимо ли развивать её в ущерб нашей целостной внутренней жизни?

Если не к гибели, то мір подошёл сейчас к повороту истории, по значению равному повороту от Средних Веков к Возрождению, — и потребует от нас духовной вспышки, подъёма на новую высоту обзора, на новый уровень жизни, где не будет, как в Средние Века, предана проклятью наша физическая природа, но и тем более не будет, как в Новейшее время, растоптана наша духовная.

Этот подъём подобен восхождению на следующую антропологическую ступень. И ни у кого на Земле не осталось другого выхода, как — вверх.

---

reached a major watershed in history, equal in importance to the turn from the Middle Ages to the Renaissance. It will demand from us a spiritual blaze; we shall have to rise to a new height of vision, to a new level of life, where our physical nature will not be cursed, as in the Middle Ages, but even more importantly, our spiritual being will not be trampled upon, as in the Modern Era.

This ascension is similar to climbing onto the next anthropological stage. No one on earth has any other way left but—upward.